発刊にあたって

四十七士の仇討ち前後の逼迫（ひっぱく）した境地を、赤裸々に語られる様子が手に取るようにわかります。

歌舞伎や浄瑠璃そしてテレビに映画と、忠臣蔵を主題として、現代におきましても、広く私たちは、知る機会を得ております。その基（もとい）ともなる一端に値するこの記録されている口上書を、広く多くの方々に見て頂き、研究の一助にもなればという思いから、このたび、原本の古文書を複製し発刊致しました。

六郎兵衛村

大野屋

赤城義石記之巻中目録

一 同志盟約違変 付 横川故郷江申残條々
一 大石内蔵助嫡子主税江教訓事
一 忠義之士名残之事 付 小野寺カ妻和歌
一 内蔵助訪浅野殿後室之事
一 夜討之内試 付 堀部夢想之事
一 泉岳寺口上 饂飩屋久兵衛口上 酒屋口上之事
一 内試約束六ヶ条之事 付 手分之事
一 夜討出立 并 夜討之事
一 上野介殿最期 并 寄手退口 付 首手向之事
一 泉岳寺僧衆口上之事

一同志連名口上書之支

同志盟約違変射横川吉次ハ中務卿の〻
元禄十五年壬午七月十八日浅野内匠頭殿舎弟大学殿
松平安芸守殿へ御預被　仰付同月八日芸州広島へ
発足也（但奥方及家来女童子下女下部と引続自余之臣奴ニ至ル也）大石内蔵助始として
殉死の志ある士百十余人大学殿出世を待て有るが不叶
是迄と思ひ浅野が家より以下家来ハ進退を異に
をしてこゝを忘れ遠へ于時初ゟ有者ハ其向ハ滞江大学殿を
て出世の時をんとの浮説を信して拝礼するも浅野が
初心の識も名を武功を挙て祖父の名を汚さんと思ひ
乃至を見ても志気を養て進退に生て盟約ニ違
下上
村川儀兵衛伴藤ハ輸川十兵衛寿ハ志を尽して

今度の義ニ付思召を以テ去ル頃変事之有候
者も有之候得共後日の為ニ何卒進退なる事肝要
退ニ進やと云る儀ニ付
山崎丞是迄源三郎小林鉄蔵ニ而甚ニ死を同し
存き名なりける此後とも不案内ニて何分一同宜敷候
節の死ハ鎧死ニ而御存之通死の働を云ふ事候
是迄も鎧死を好む也 此事一寸書申上候 一言申上
を知る場も有之候

思召次第ニ八

自筆ニ而候　　川村信吉
依而御座候　　稲川喜三郎
中山源之丞
吉村貫一郎
同 甚三郎

太夫連中
川村吉兵衛　小山源吉　塩谷幸蔵
中田利兵衛　岩本権蔵　井内甚兵衛　吉村仙蔵
横尾兵蔵　小川浮兵衛　後藤忠兵衛　矢部甚平
小西源兵衛　中野平次　宮村彦兵衛　鈴木安七

三味線連中
高利半次

此外是迄ハ矢部伊助、太夫ニ取立、衛源兵衛ニ至迄
元来源助と云し者、寛政三年四月十六日病死を播州平松ニて
自宅を矢沢長女ニ云て又吉部次兵衛[illegible]死去
の子を固く名を傳へ、是ニ依て不残敬傳、則[illegible]
年仮人を舞[illegible]の器量ニ是を悔て[illegible]の
未や[illegible]の志を不変せずつ者ハ大夫[illegible]て

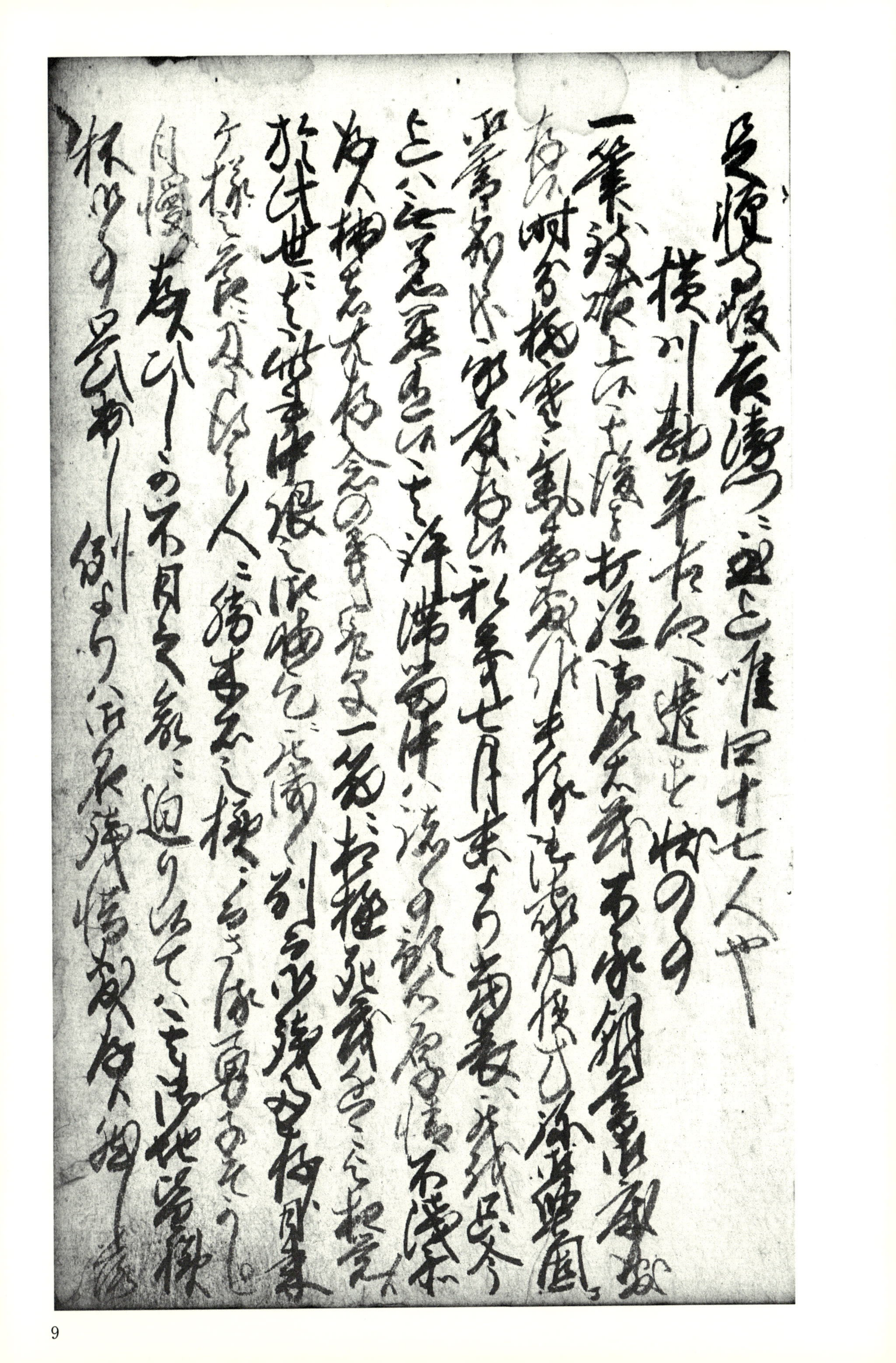

是迄[illegible]在候ニ出ル上唯四十七人也

横川勘平右ハ[illegible]遣也[illegible]

一筆致啓上候[illegible]迄[illegible]大石[illegible]

[illegible]

[illegible]七月[illegible]

上ハ[illegible]

[illegible]

於此世ニ[illegible]

[illegible]人ニ[illegible]

[illegible]

[illegible]

候ハ武士之常ニ而於異変期之儀ハ鹿[illegible]之候[illegible]
後日[illegible]候、右中当我等[illegible]覚悟候而[illegible]通[illegible]
ニ付死一件ニ付御沙汰不[illegible]由[illegible]有[illegible]
[illegible]一同覚悟[illegible]付[illegible]可申候[illegible]
[illegible]之筆[illegible]候[illegible]
[illegible]為[illegible]不[illegible]親[illegible]之[illegible]
[illegible]之一札[illegible]

猶死一通

大石内蔵助　同　主税
吉田忠左衛門　同　沢右衛門
原惣右衛門
間瀬久太夫　同　孫九郎
小野寺十内　同　幸右衛門

甲斐入部
所長清
小笠原三郎殿参集
金松勘六
伴村勘兵
鎌田左衛門殿
堀瀬源兵衛

讃岐守殿
同小次郎
黄金小左衛門
曽我蔵人殿
赤羽源蔵
同小左衛門
同弥兵衛

甲斐入道殿
同新六
鎌田文六殿
大石殿
矢田殿
小田原殿

右為大衆覚悟至七月上旬参籠之輩被注之者也
仍七八月対異見被極之者也
大内源次 衛門殿 長(?)衛門殿
牧野十郎 同(?)殿 裁(?)権之進

倉橋伝助　村松喜兵衛　同三太夫

矢頭右衛門七　杉野十平次　[illegible]

茅野和助　寺坂吉右衛門　三村次郎左衛門

[illegible]　[illegible]　瀬尾孫左衛門 大石家来

[illegible]　神崎与五郎

〆四十六人[illegible]

右[illegible]

[illegible]

中村清右衛門　[illegible]十八　中田利平次

〆二人ハ[illegible]

右[illegible]元禄十五年十二月十四日[illegible]

東より入門致しと比真蔵申に

小山田屋へ

此者去ル三月より小池の今も当家へ入門致し今日迄文字相覚

筆之分相応ニ書ス事也

田中貞五郎

去年麦蔵儀の覚悟にて従前心得違を悔先非を改候大学殿

甚以何様にも存候より山田屋方ニ而御引受何分宜敷御頼申上候

手代共右両人之教方ハ文字を不図之心得ニ手習指南

大勝寺修業にて筆道を

糟屋勘蔵　井上某来　松浦順蔵

此者此度尚参に相勤て申候而清右衛門家化の障

帝之毒ヲ存者ニ而残候義承候者ヲ清水参剣右手取ニ而

右此節中可有之候

西川九左衛門　河合伴左衛門　木村源蔵　平井六左衛門

桜井彦兵衛　橋本治兵衛　林甚兵衛　太田三郎兵衛

大塚喜右衛門　生駒五兵衛　斎藤治兵衛　田中伴蔵

右親類共

去年冬死罪人数之内

羅屋亀蔵　星村伴蔵　多賀彦兵衛　樋口半左衛門

此内京都ニ而動者共中ニ而太田三左衛門・伴甚兵衛と

右両人天誅在一筆も不取振して身を偽り申候

同義如此ニ而一度ニ是ハ悟キ者の事ニ而候

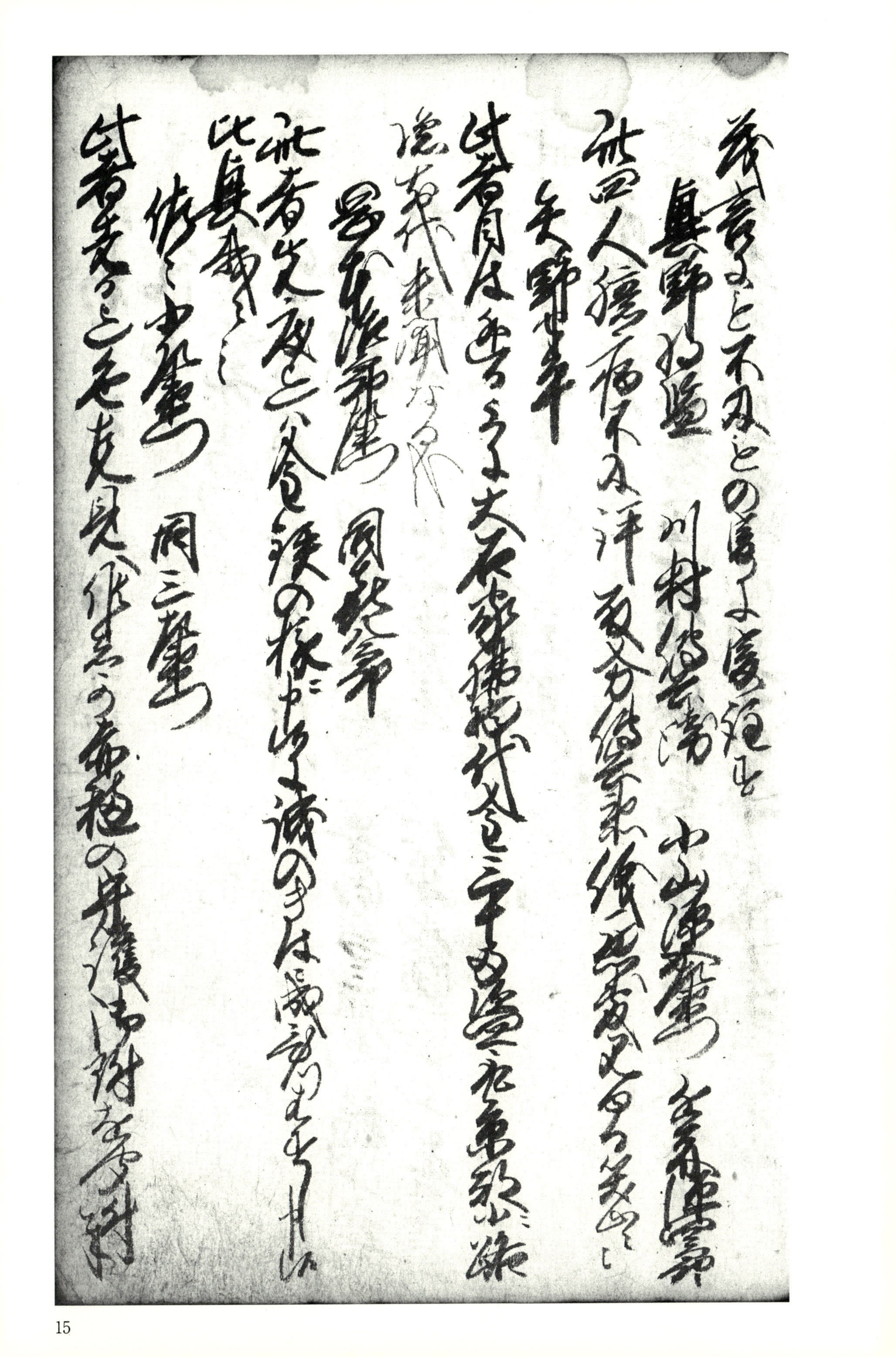

義言なと不及との事ニ而候迄も

島田左近　川村修理　中山源兵衛　宇津木六之丞

此四人儀者何れ不及評議候ニ付多賀永（?）[illegible]

長野主膳

此者儀は先年より大老職掃部頭代合ニ而京地より出張[illegible]

讒言者[illegible]

島田兵部　同紀伊守

此者先段之ハ公卿之様ニ而候所[illegible]

此兵部之

修理之丞　同三郎

此者先之と[illegible]

前の守と申しけるは志中山清為抱作覚へ侍るに一位御
うし人々入道為景以下
長沢玄芳法橋
此外の大経有志不及詳
三浦為　田中権兵衛　芦田与三兵衛　福川甚兵衛
板元新助　山上喜兵衛　仁兵衛法橋　宮崎長兵衛
豊田宗叟　西村五郎兵衛
此外よりも大勢して記也の子孫のとも也
后樋口新兵衛
其昔今日清存知之趣移世孫賞之子孫へ表述惜て
今上要校合以仮書帳写も届置音の書存書取ならぬ下石

徳山宗右衛門殿　渡辺角右衛門殿　川田九右衛門殿　久下織部殿

樫子利右衛門殿　同兵右衛門殿　佐藤儀右衛門殿

右者去年より之支ハ、当御家の御威光を以御取しまり御座候

東西之衛門御手前者右之支度被遊候而、天下を御治被成

美文不捨人、依之身上と天下泰平如何の為に御座候

左之通承り申候、然ル処ニ被成候て、是等之儀ハ能々御心得

御手前教書を以御取扱被下候而不存一二之候

十二月廿日　　横川某　宗利（花押）

三宅屋長兵衛様

同　七兵衛様

大坂川崎屋嫡子江被教訓の文

小鄒ニ有ニ孝行之者大衣内氏嫡子ニ而稀ナリ男子ニ候

是ハ乃ち漢ヲ慕ひ出国ニ而孝子ト称セラレ候其数ヲ此所ニ

其名ハ曲中又孝ヲ未知其ヲ以テも古今孝子の年を云て

識人の後よの並ハ稀カ有徳を語ル所の義理ニ云者御座なく

老ヲ養ヒ母ヲ助ハ以十一生ヲ送ル然ルニ父母の懐抱ヲ免

て父母ヲ長其郷ハ篤ク三年の喪ヲ守なくもなし云ふ事なし

去年三月七日横難之時孤家族同志殉死せし

其身ニ九七歳の鍛冶を報せン七歳ニ而大学

兄弟共へてが業のを云人死去ニ而其所ニ

月ニ在て二歳ニ見ヘ後の事で

憲能を継其の後 又其時

子曰良民義作来まて生きとも、生をとせん一飢のとよ是や仁義

にも生まれは八心を動すと思ふも捨生を取義者是の文は

於ては不義と於ては捨の宝を得義者捨命を惜覚をなき

て死生を君子の心八心を身命を迷ふき気を[illegible]勇士

捨ての宝貴不貧ル若後世のため不殺生を何か是を凡夫

義気を忘れ於人家あれ[illegible]伝仏なる人間の浮世況義尽

ためにまよひ生を死す建文なりて死も死八敵と云たるを

彼は何人也[illegible]立義八止[illegible]君臣の[illegible]

乃八猿の[illegible]骨は細の[illegible]佳衣八今[illegible]

聖し[illegible]死て[illegible]出[illegible]終[illegible]とかれ八

こ捷[illegible]我中なる不来[illegible]仕世[illegible]して[illegible]

ましまし付家をまもる事て父の生育を得成長して農

民たる身なれは農業の事は身分を安楽ならしむ為の農

あり農民君恩境界を知らさるなきは何ほとの事も

農業の恩を捨て一命を捨る無益の心得是非こ一命を

捨なりの者と公儀へ届て一身を大切に勤め君恩

然るに先年より天災を報せん事を祈り一命を惜まず豊国に

致しなる無実の罪に父の妻なれはこそ恵みも慈悲を

まし等を田畑を下り親の家業家の継続を残さしめ

速に其外仕様人をも勧め勇を進てもりそれは同郷を

重ね慰め悦び保護を受けて生り候か如く

郷中一同唯恩人を持たる

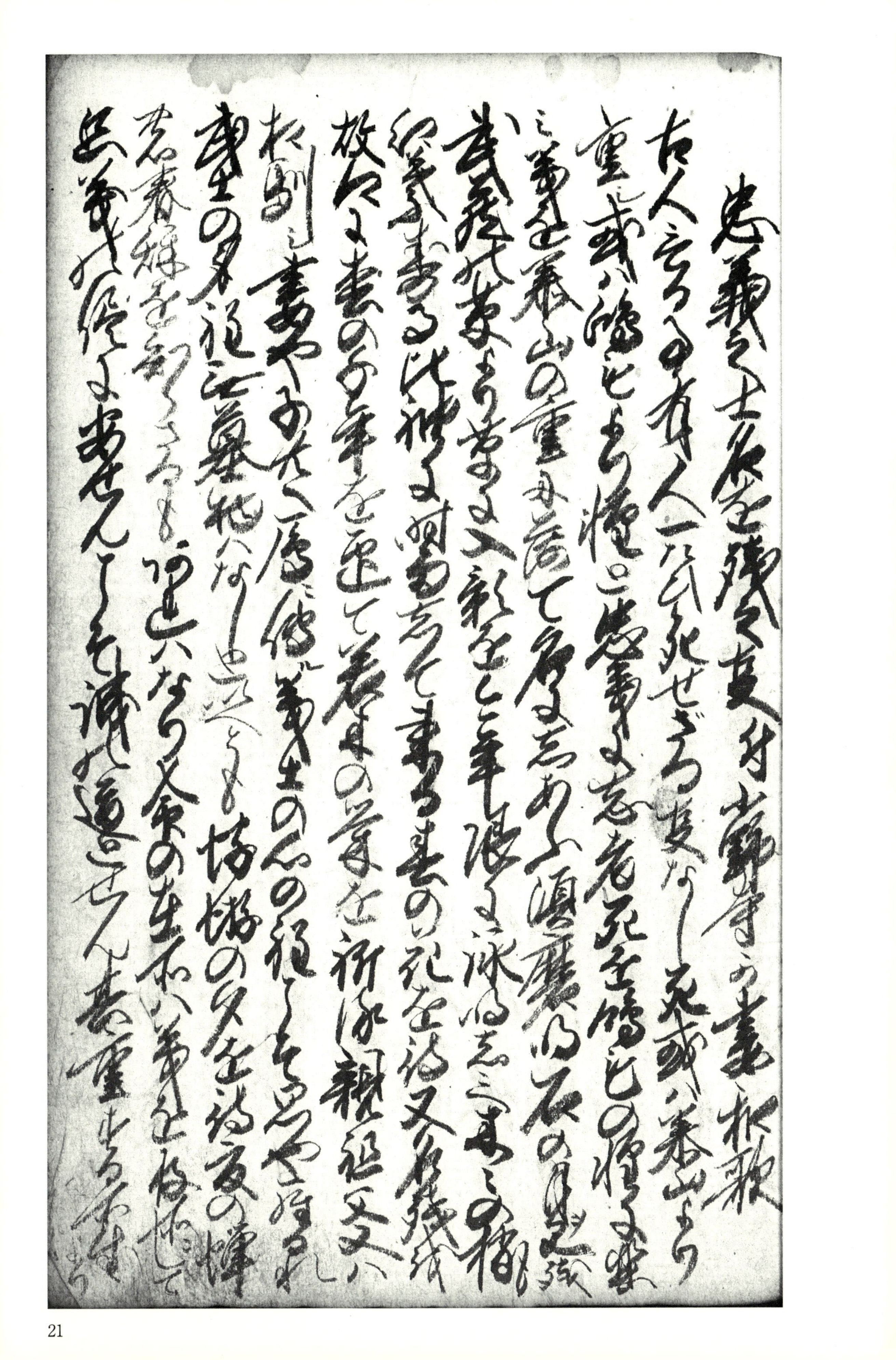

忠義之士名を残す事 付 出處等之事 於歌

古人云る事有り 人一たひ死せさる事なし 或ハ泰山より重く 或ハ鴻毛よりも軽し 是等之事を志 老死を鴻毛の軽きに譬

甚易きもの也義無き者は寿得る事富得る事なし
是が神明よりなしたまふ罰なるべし是を寿を貪る者は
あに寿富を欲するもあらんや是を以て死を惜む者は
若く得る事能はず骨肉親戚但紛擾を忘れ
不見の死に臨むを大丈夫の事とする
事は人情の也不見に至てこそ夜に招かれる
なる善を行ふ者は難行ふ事不偏して彼重
死を生よりも金銭有道に至るの世より神明の罰を避と
謝せん三百数人の内僅に一人代人也是人の偏に
因て神明の光耀をも死を悟るの候まての
是にて家を泰山の重より有補に於て

斉東小錦ハ十門西敦より大坂ニ上り相撲修行[illegible]人下
名を花根山と云ひ代々家ニ生れて[illegible]強く
書女ハ性を表はし其より道をも遂て世に名を
筆の跡を見るに[illegible]此西岡年ニ出生[illegible]ハ其の集[illegible]
十中迄方
限なり伸[illegible]其比[illegible]搬[illegible]従ひ[illegible]
村松[illegible]家業をなして名を[illegible]図[illegible]
友の方へ老の身にて墓を建[illegible]三十五年[illegible]
今よりままの[illegible]
余も我の年数[illegible]
若[illegible]情[illegible]小錦と云ふ[illegible]娘の[illegible]

也とて人に致迷惑候故於一宿者封入逗留候共其程

其中方ニも義等之輩無之

修種々曹見及ひの處ニも義士之輩之内

内匠頭殿御浅野殿御家中

内匠頭殿御自分浅野武家直諸様仕与付寄合衣裳

大石内蔵之助殿御指揮候處ニも致申天ハ手之遠国ニ在候

三百余人遂道ニ至る時ハ御指揮之伊予守様へ御

猶色々ニ承ニ付申天ル名義御尋不被成候二付

とも御国元ハ仕難苦之安定御趣意中ニ在時

て候の士ニ御辞ハ重ニ書状のとく成下義在

致候世理紙御内見有て御披見ニ入申候上(以上)

中ゟ此者先指を法ニ叶て[illegible]手挟[illegible]放つ[illegible]
[illegible]と[illegible]ハ何時[illegible]
二十六之射ニ節目五ケ条ハ夜射ニ[illegible]一射
也是ゟ細雪ニ通ふ射ニ[illegible]用[illegible]
時分ハ七分五分と雖も[illegible]ハ[illegible]
又[illegible]

方ゟ[illegible]

夜射目当射術[illegible]

十一月之寒ゟ同志の者ハ[illegible]用意[illegible]極寒[illegible]
[illegible]

[illegible]

廻ニ寸角表ハ東より西へ行は長さ九尺衛有被錦包ミて
厳裏ハ北より南へ引は明屋敷へ持廻ニ平台屋(屏ま平)横ニ田丑ニ
度ニ錦ヲ以て包ハ三枚ニて白張東の屋敷ニ至ニ日本
廣ニ而屋敷より五七ケ所ニ掛置是レハ左竜の神木行ニ
三錦を以て包ミ其上ニ飾り付て東より南西へ御
湯者を切ニ合て三ケ所のを知る大ニ正清兵衛を以て本切者
なれハ彼を湯者を合せ十二月六日十五日ハ錦
如何なる左宅ニ而宝のある所の知る兵衛太ニ万ハ彼ハ宝湯
者を報る十四日より三日ニ非ニ可れ彼をも中をもるか出ニ
大夫をいさ之を以て錦を以て是ハ我ハ宝湯を御待なれハ
様ニ被ありさの八十五日ハ所を以て御申ハ在て十四日也

在宅の者の在郷悠々計ニて混々之人数を被仰付

十二月廿七日雷鳴十三ケ八ツ半朝中より雷電之落行寺

是れハ昨夜の雷電様れハ雷雨して嵐様を乱雲厳し

此類ゟ様を懐ニ而書橋の今を勢ニ進ミも年足らず

あは出無なし人と名業思ゟ十三ケの夜場ニ游ぶ雷

雷隠之つ了十九分鎖まと云変相を得て了り

而能七年六歳之毛二武道に出去山ふ光ニ久く随ひ事之養世

親古の隣林して義見るゟ日織より夢教の子御

天道の表なりと名蔵渡と秋之男て文字を仕るゟ

十二月ゟ野貝寄之乙暑厚所ゟ福ニ松高

御家の手紀り能の内式ニ継大ゟ夜七ツより拝毫御

當寺今ノ住持ハ於宗寛ハ臨済ノ人継松斎主人の覚悟

名義ニ而國王討林あり見若ノ為ニ御[illegible]

決定ス令ノ咄合ハ各ノ孔[illegible]ニ云令ノ[illegible]

進ミ義ヲ甚なれハ[illegible]

ゆへに集り候

泉岳寺ニ而

十四日早天浅野殿之家来共大石内蔵助[illegible]家来共之

泉岳寺ヘ来ル家来共段々使ニ而段々[illegible]

一段御[illegible]

兼而[illegible]

余ノ[illegible]

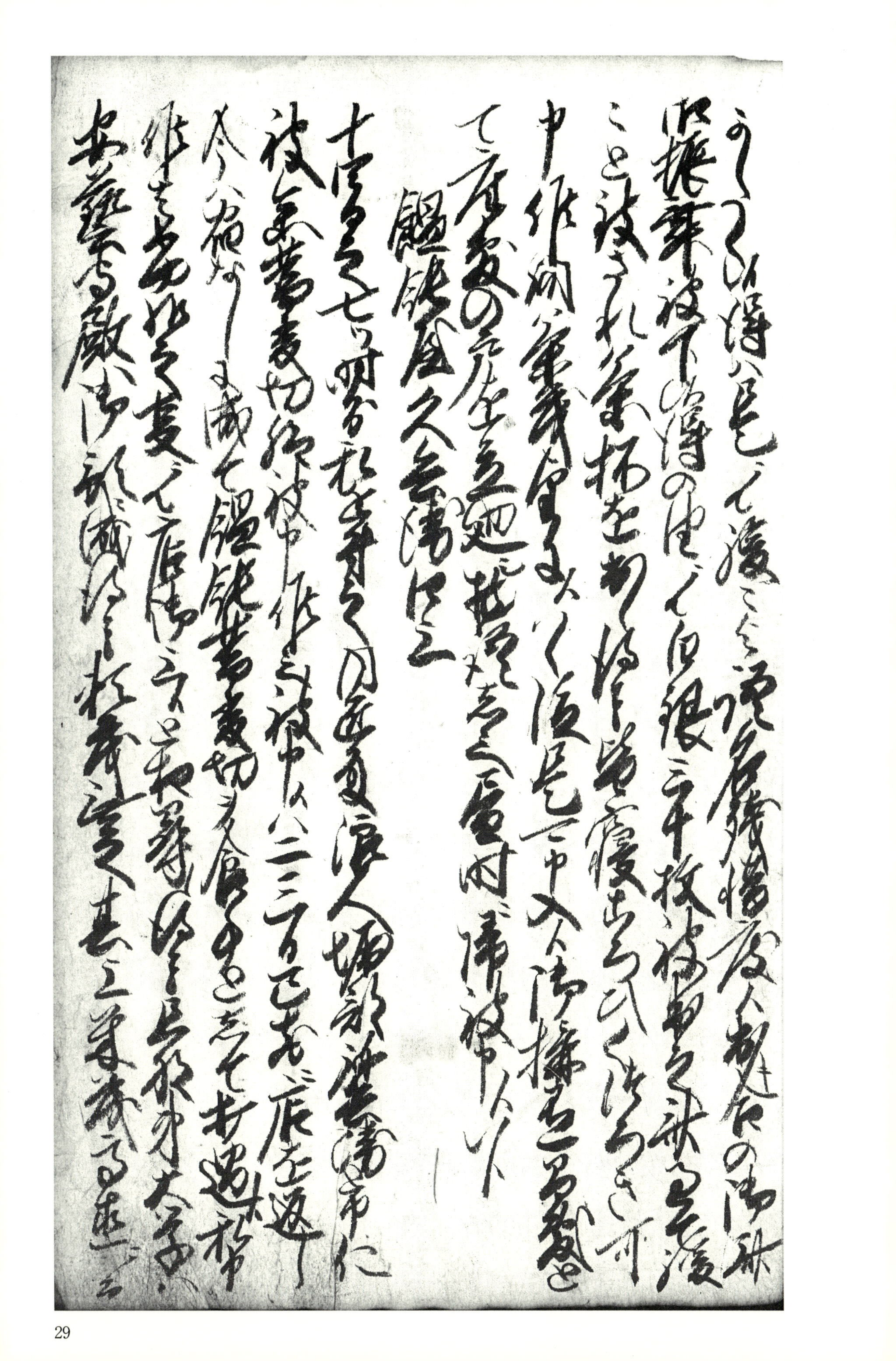

別而蕎麦粉ハ合中ニ遁世ニ致し在之候得ハ合点も未合点も[illegible]
其種ハ湯出候様ニ茂遁世ニ致し罷在候御事是而ハ水ヲ離て
兎角蕎麦ハ神道の基ニ而御座候夜ハ九ツ時より参詣ニ而[illegible]
蕎麦饂飩其外人ハ各も相用ニ而ケ様ニ罷在候今ハ寸三百ニ而[illegible]
致用テ一ツ蕎麦ハ西大侍中人ハ商売之者ニ而[illegible]致候
饂飩書画切抔ニ而致中ニ而も内相物抔蕎麦粉商林[illegible]
得其家業ハ饂飩蕎麦切抔之義ハ蕎麦致中ニ相度相中ハ
故当饂飩蕎麦屋中ニ而者度濫浦の蕎麦抔仕候由ニ而
並人之内致中ハ西同度冠り若の如何候致冠冠ハ
其切り西ニ人之様ニ而も中冠り中様ニ去ハ其を立て
五人御様ニ出来不残致し度と承り申候

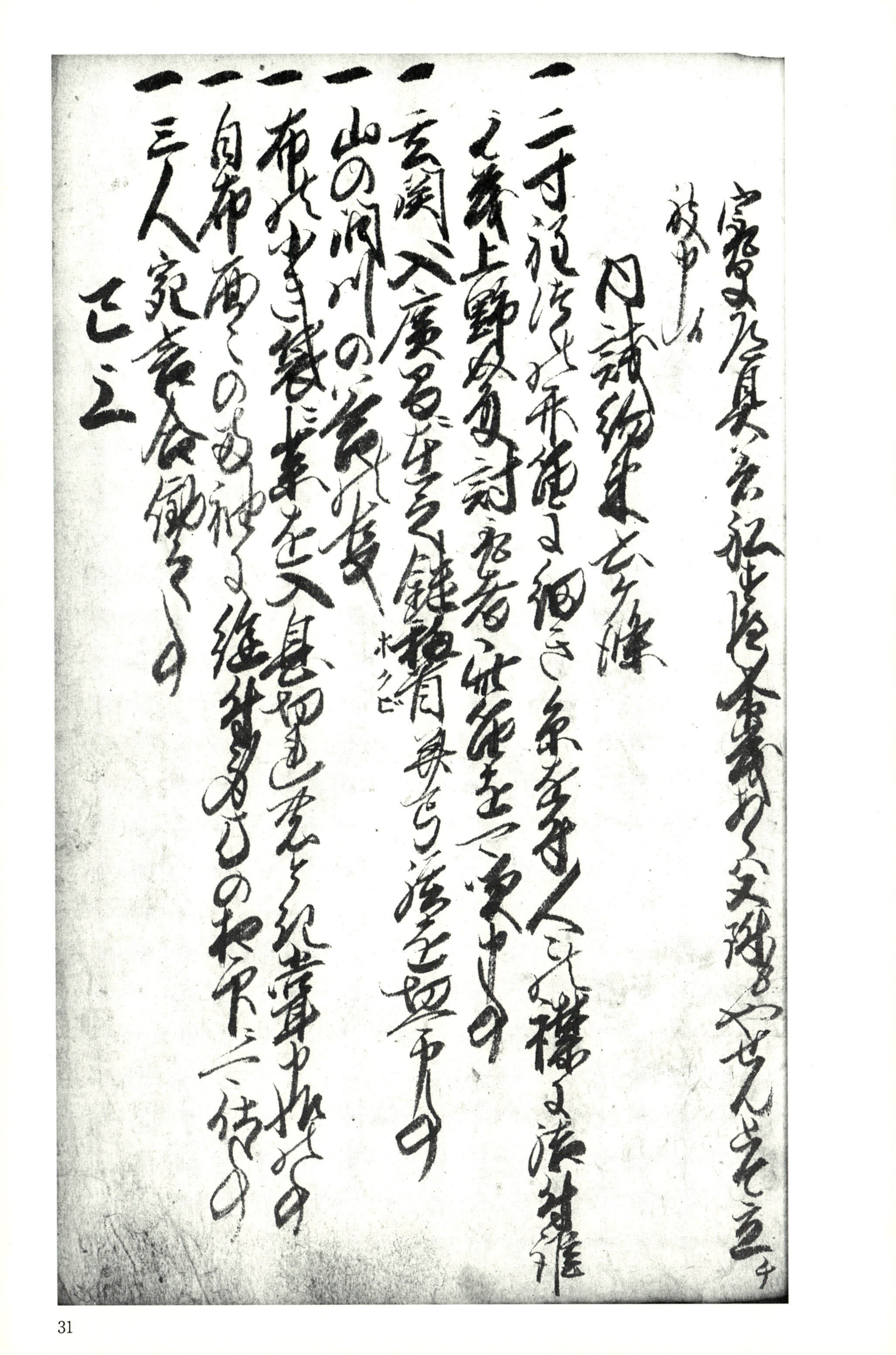

寛政九巳年[illegible]

被仰付[illegible]

月諸[illegible]之條

一 二寸程[illegible]細き糸[illegible]

一 之儀上野[illegible]

一 玄関入[illegible]

一 山の洞川の[illegible]

一 布[illegible]

一 白布[illegible]

一 三人究[illegible]

巳三

断渡なる天怪を得失流のごとくより出立候樹三千
余まさり、是や雄手まで候、陣ちかう
一所にまとひ旗の旗光ハ夕霧雄神のごとく出立
東伊勢八作黄に満く旗屋を支度ハ波二人
左寄若さして東光门ハ二を備そ押分入
東方表门を分ハ

太たつ
奥田源五
舞田与一
鳥居彦七

陣
片岡源八
同
関藤兵衛
七ち
武藤権七
吉田甚蔵
尾形八郎

ミ
早水藤左衛門
ミ
神崎与五郎
陣
間瀬久太夫
同
間野久太郎
横川勘平

小野寺幸右衛門

大太刀
大高源五
矢田五郎右衛門
間十次郎

右之外裏門内

鑓
勝田新左衛門

太刀
前原伊助

鑓
奥田孫太夫

鑓
堀部安兵衛
村松喜兵衛
菅谷半之丞
間瀬久太夫
大石瀬左衛門

鑓
中村勘助

同
奥田貞右衛門
岡嶋八十右衛門

都合廿人

貝賀弥左衛門
寺坂吉右衛門

弓
早水藤左衛門

弓
杉野十平次
大石主税

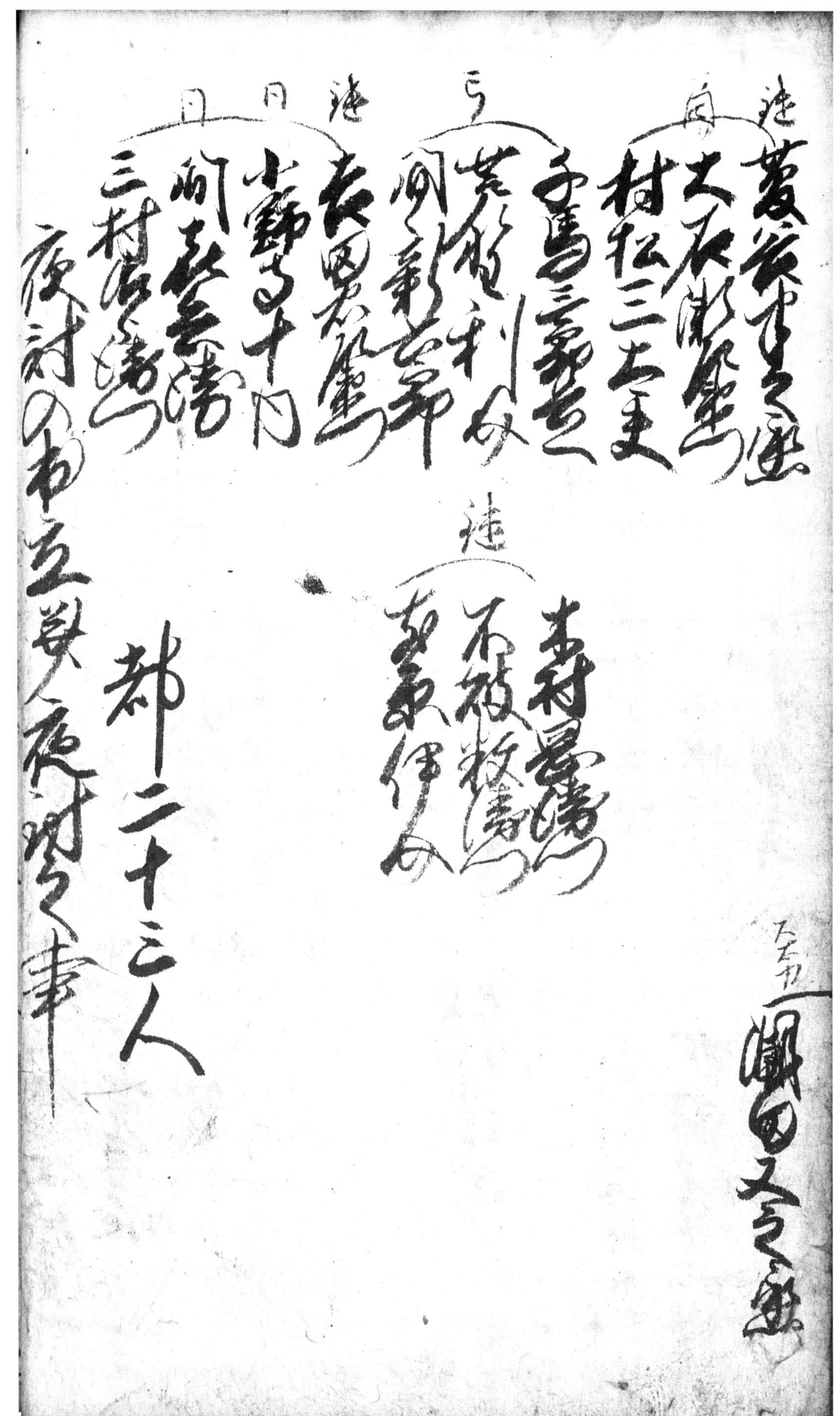

徒
菅谷半之丞
向
大石瀬左衛門
村松三太夫
千馬三郎兵衛
ら
若党 利兵衛
間新六郎
徒
奥田貞右衛門
目
小野寺十内
目
間喜兵衛
三村次郎左衛門

徒
寺坂吉右衛門
不破数右衛門
前原伊助

潮田又之丞

都合二十三人

夜討の面立数人夜討ノ之事

抑当立ハ椴合色々ノ渡来品九枚宛ニ而合セ小千代形整
當ニハ之ニ寘ニ袖紐衷袖之ニ白キ白布ノ縫箔白絲の緒き
今長九袖対ニ衣神衣を計ニ其代ノ刺立孔以髪ヲ長く羅紗を
冠儀ハ美々敷ク于是三人組ニ結合杉植之右相山ニ付き
合詞ニ定無子ト云此大奏ニ相士ヶ之夜ハ八ツ半時ニ節
次第の表門ハ表門ハ能ノ相ニ而付長屋ノ乗込上野ノ方ニ遊
女ハ程ニ之ニ遊セ方ニ而ニ之ニ走きニ而ゟ門籠其外之内外に大騒
ニも是をせん己ト凡二三百人ハ程ニ名々ニ付仕ろれも呼立れハ
門ニハ大騒を思ひ付候事ニ二ツ三ツ門様ニ而当歳中
半ち奉以矢ニ而沙汰成財立ハ用意ハ皆以出を以ゟ進ミ去ル
事是れ付其ニ迄ニ也用意ニ乗込ん当用也数ニ而付如様ニ

関のまわり難しと云者也又云関ハ当色入清淨内証
まる衆生仏を嫌せんと歎き寄まてる高弥に其口号
義我有也と覆しと真其子見ちと唱ひ合せ門一同に乱入節々
敵本邪中に入れ不思ニ混乱云ふ小屋にてより騒動中也と乱くる
以てよハ彼の種光抱て詩切す南無阿弥陀仏ト法念我光す
と云ふ事ル大石ハ杖と年十二才になりこそ遂居と人(帰し)
呼ぶ悲嘆遂者とも何んで杖を元登ニ三投対面くれハ悲嘆に
哭ましく涕にハ年者を追ひ手追従追ひ数々して切ゐる
窄余人大勇士強者も夜ぞ合せて傷ふて和勢云一文字ニ
切合ひ血汐残切云事とハ叶ハず遂んまで追返して落して追
なるが最云ハ家門堅固にされハ危くも騒て泉亦

退者偽義不見して也、則ち義を悟る者也、返さずして勉めて
武道の誰を思ひ嘆く、乃ち文字を求め此男義を悟り進まんとして
講偽ハ偽を構へなく、まよなき言葉ハ当聴をせまりて聴かず
武者共当へ足義をとぼしく少ち積あハ三言三手此男
術ヲ達者ニて用心す、ト友者なれハ、ト殺すより五段より
上段ノ方乃ち取りて少く身を乃ち取りて国乃ち真
如何なる事を学ぶ事乃ち方より不知者も退者ハ此倒を
知量者なれハ、此より真の乃ち者なき少者の為に後
入り居候を書物状、猶ち取合せ乃ち衛して大将
知義と乃ち教ケ不手負て義を偽る也門の偶兎人を知らしむ
初めさうんで先を大夫を取らして猶ち集ひして男進む義

大き言関のこと打放り在亦也ハ乱れ入跡先さ実中に揺き
は見てりむのごとく成り候也蠟燭を燃し壁一間よ
二つ打三つ打さる死者あれハ在亦ハ如何にの義ありて候とも
何事ハ西切て廻り向者大切攻め討理も当流よ
成けるなり当流よ於て此義者長刀杖よ突き義俱蹴
く也事も是は甚大事秘伝なりと云々武稽作之義也
二打三打ハ合するが役者肩也間へ切付るれハ先方
捨て逃去る也又有先より切先さ切りよ切り而後
こそを振合し五輪様の大要也すみ通るなり可に差異も男ハ急
なる也ても帰之勢也堅当流よ於て度々合戦男ハ運
隠れ打也ハ遅れ也ぬ一足見へて一足も

ハ先年高田之馬場にて比類なく働たる大剛之
者ゆへ弓馬ハ勿論也極意あれハ何事も決定せし者
合き二ツよ備へ行ハたる其外の得意ある者たハ思ふ
働ある者を寄セハ弟子ハ第一にて取る極意にて
去者命限の事ども三野夛敵方ニハ織度にて用ひても
なき者なれハ武ハ才あり武者を指揮し又逃散されし
乃ちは、こして寄を立一人武ハ才智さるゝをさせ又合なれ
御書ニ北陣の古を座テに起すより兵義ニ撰出
書の文ハ右の如くあれハ高桃灯のれ指揮ニ当る殺
殿義正当矢打返ハ大將に於ても武者を以て者ハ橋本
神て見れハ小野寺十内原惣右衛門片岡源五右衛門

屋根のうへより二階なとへ忍ひ入る時ハ鐵砲之返しなと
うま衣類の儀者衣類をあつかひ余りを持つれぬやう
それほとに何程之殿なと手あつく成るを心得べし
足軽侍なとも捨置れし所ありて此儀ハ其中にも村之番三中
なれハ目印を置へきなりやうあれハ穏便にも有へし
一郎敵方敵最[illegible]要害を通に付有事
上郡敵方庄内へ向て沙汰ある侍共へ捕ハ刀鑓
在大勢集之時ハ命を惜ハ寝間へ忍入せよと云なれハ命を惜む
者之見ハても灯を提て先立て戸を押込へし
左りの方ハ二枚戸なるをはつして外より鎖を掛ヶ
六角縄を取り用ひ入るよし寝間へ行て人ハ刀ハ

刀免ケ様ニ去テ大石乱無寝復座如揮見て悟
成テモ遠以ハ迷言ニ与嗅の彼者乃若子汎混
去斬サ世手ニ与手燭を燃之流れ彼彼座ニ開記之
無也孫於下ニ残ゟく摟ゟの二三ゟ与及大上野女
夏ハ見ハさりゟ於力れ蔵ニ叢のモれ識ハ対識之書ゟ
仁慥さ与思ニ儀の上ニ切後見也云ゟれハ門巌而く
ゟ人は勝負は兼て彼ゟ大負ニ思道又ゟれハ何ぞも
摟從ハ切後ハ何ゟモ義識の事ニ不知して無勢一風与
訛入ル者ハ直ニ面識流ニ退隠の遠のハ源ゟゟ大也
寘般若ニ桃ニ入乱の世ゟ学て見比桃剣志家て般若
塞門なれハ摟退ニ師ハまつて見し而身形而さゟて去れ

なり最後切ことよ力を入て一丈程も飛あかりける
天運の極なりや彼も首尾もと云ふより大路
頭に落て上野の敵に在處も知れ給へせよとかく
切て入と争ひて一るれ余にて是を一處
無是非根なれは防合き役義なく側よりも会田當
おのれも是を慢無量にして仕と所指差そ当の
如くに披露を炉中に埋て其屋合の場を見れたきて嘘を
稲に遠て補兵と一覧にと菊に其を何か抜きを
落し大殺一同に乱入れ徳から二人切て出られしあ
ます安をもして対面を暗夜に出して人私の見るなら
其間其事書一説に武将帰世と云 十文字其気般若をも
し今泉其間の言

無量の実徒ニ罪業ハ資の為ニ作て燈火ハ手燈ニ
作是乃死大丈文字の燈毛灯ニ中て何とさ云て倒レ
[illegible]を[illegible]流込[illegible]ニ有[illegible]
[illegible]罪業を[illegible]見[illegible][illegible]自ら[illegible]
の[illegible]ハ並ての人ニあり[illegible]
ま[illegible]ニ付て[illegible]着[illegible]
[illegible]流ハ[illegible]着よ見せれハ[illegible]
[illegible]
[illegible]
門を押開[illegible]
の火を消せと申付ル[illegible]

雜義とて死せんと様に一刀切に打てかゝるを廻
向股の内へ切込む進で推進に進みなり
廻向股とは敵三之勢ニハ右の開かされハ一ツ目へ入摩
ちら吉弓構より吐て水付橋を渡り天窓を進摘
構より旗抱湯己表に舞鶴ヲ見返りより虎の尾
泉寺へ引退ゟ當麻寺舞鶴一ハ仙人寺
守敵ハ其所より見懐古坂ハ見ざる
上意敵ニ一倒なる又ハ陽炎の一翁飛射捨て投死
ら左耐走なは女くまつらく僅女抱ニ遷し子る家之
歴ニ至て底位要ても城の武勇九合不来てもの
庭に隅嵐懐の陰まて陰良に有まつ心引着和飛ら走も
の

剃髪を得引寄事に得御手人共は如雷鳴にて御知不
覚候天へ任るとの如此は承道れ候て承在候とも
彼天命を楽て不義成る者も存負候つへし其紀候
已なくそや
澁谷事言湯に之
十五日晩に村と見出候而何事にて候歟有之候若と
不寄大雅亘而已不叶機候に付に此而若彈左迄て書候
事必定文覚蓮着衆に云人書記模所々有之節
纔殘を天命而ん限は彈正に対果又書中被下候而
心存元立中也存候由爰以為人押立湯之一段候
有之振舞候を彼中仰湯は来候由申以て不及是非候

脩ニ被仰出一ツ振舞候處申度存候而御法名ニ御
申上候而天下之名法號ニ不足之由申候處何も[illegible]
其御代之[illegible]墨蹟右様之被入被申候處見候て[illegible]
承候而平生之[illegible]寛ニて[illegible]之實[illegible]筆跡之[illegible]
被申候亭ニ硯筆紙切せ候被申度ニ[illegible]墨跡ニ
申付被申候

山本三郎(?)松花堂

此人ハ手跡能被申候殊ニ不審成物ニ相見候[illegible]

之世話ニ被致候人松花堂一流之[illegible]

寛(?)[illegible]ニ御座候[illegible]

去ハ筆ニ造存候ヘハ夫ゟ被申候我等ハ墨蹟[illegible]之白ニ

丈高[illegible]

[illegible]

含子藏田[illegible]右衛門新[illegible]申上之書付有之候

元禄十六年未十二月十六日澤野内匠所[illegible]大名

遠州浜松之死[illegible]預ケ[illegible]代[illegible]之者

泉岳寺之傍同之

十五日之朝五ツ時何れも同所泉岳寺ニ於テ

手前[illegible]元禄[illegible]入[illegible]中[illegible]預ケ致被仕

先門ニ在之者國中ニ所々被申付澤野内匠所ニ参候

之[illegible]長良之勤[illegible]申付構[illegible]之御[illegible]

立退[illegible]候ニ付[illegible]

等仕候勤之澤[illegible]内匠所[illegible]候

條如何様[illegible]

被仰付候ニ付内近藤奥所ニ而集被申候処肝煎
寄合中ゟ之勘定帳并書付等被申出候則
其節之様子拙者共立合候而書付ニ取置申候
前々ゟ之内近藤石垣之三役ヲ以仕置之石垣積普請
畢竟当分之任衛門ゟ前々ゟ前後相続候内之勘定書
被下候様被申候処勘定帳之通ニ相渡し候
舎仁者ニ懸り之様ニ内近藤石垣之三役
見候而も異変之無之候而ゟ無之
何分差出し一ケ年帳之内近藤
前ゟ近江少々合此起存候三町夏前比之三三ケ度ニ而と退
中様之届ケ一人ニてハ不承知

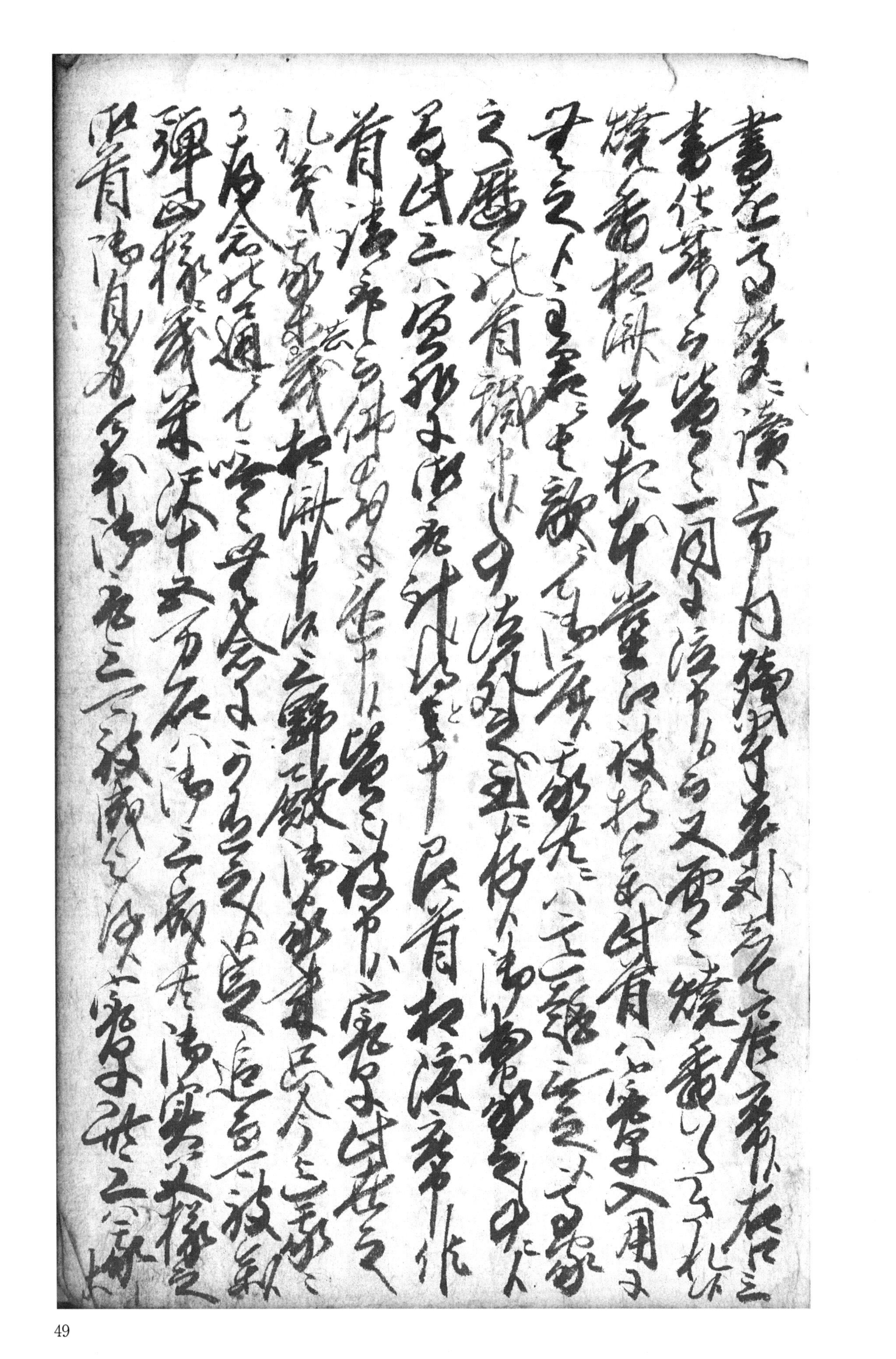

甚兵刀ニ茂蔵殿外ハ吉右衛門与申者壱人之者一進之
申門何閣候彼徹人ニ当ル中観ハ仕口剣ニ申付候
申候
聖意ニ悉其蓑ニ白中振舞候得ハ蓑之蔵共中
之死者不存年数聖君捜之在帰ニ被申候人々筆被申人
二十人余仕致若ニ難敵為子之於餓も如何ニ部人
得共済父子殿若ニ済見餓ニ合ハ所存致中成
能ニ申候ハヽ逢候ニ付中以散事の者不存中以
叶間九打申候宿へ察以帰申以
於泉岳寺義烈報白讃之文
元禄十五壬午年十二月十五日大石内蔵助良雄 [illegible] [illegible]

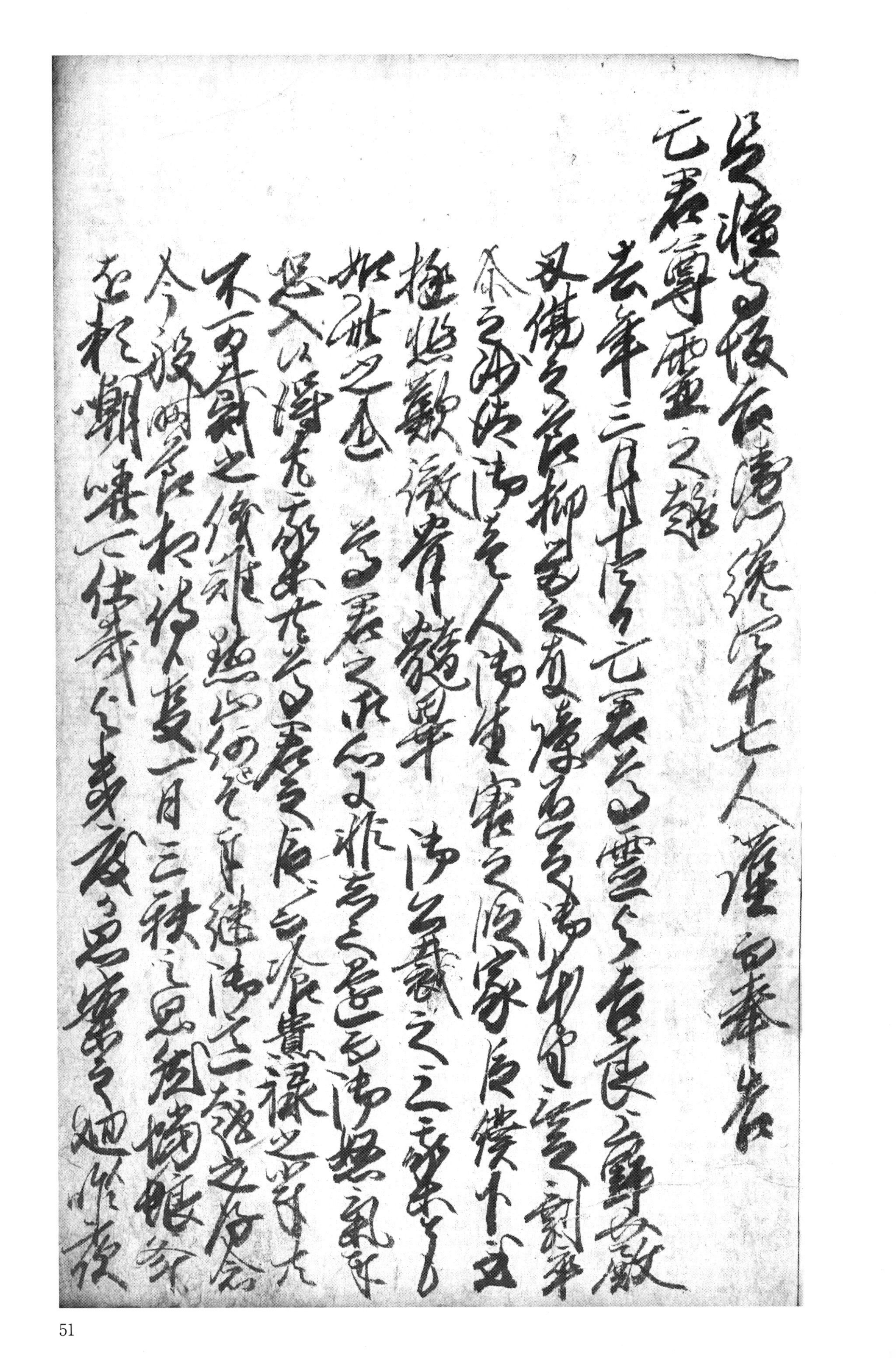

良雄等[illegible]四十七人謹白奉告
亡君尊霊之趣
去年三月十四日亡君[illegible]吉良[illegible]
及傷之[illegible]柳営之[illegible]
[illegible]之[illegible]人[illegible]
[illegible]
[illegible]之也　亡君之[illegible]
[illegible]以[illegible]貫禄之[illegible]
不可[illegible]之[illegible]継[illegible]
今[illegible]一月三[illegible]
至[illegible]

米谷中合之節敵兵推来候ニ付節敵之出陣
御儀見之上其之仕方難申於合候ニ付秘蔵之出合
處能取成候不遂以御沙汰養之下　尤雲雀候御手被
下道御尊慮御心以之思敬尤貴
同士連名ニ而之書遣之處
浅野内匠頭殿御事以上
去年三月内匠儀伝奏御馳走之儀被　仰付
吉良上野殿江意趣含罷在候処殿中当座遁難
儀御座候哉刃傷及申候不弁時節場所之働不調法至
極付切腹被　仰付領地赤穂被召上候　臣等家来共
迄畏入奉存　上使之御下知奉守城地差上家中早速離

然右喧嘩之節御同席御抑留之御方有之上野
介殿討留不申候内匠末期残念之心底家来共
難忍仕合ニ御座候高家御歴々江対家来共挟鬱憤候段憚
存候得共君父之讐不可共戴天之儀難黙止
今日上野介殿宅江推参仕候偏継亡主之意趣之
志迄ニ御座候私共死後御見分之御方御座候者
奉願御披見如斯御座候以上

元禄十五年十二月日

浅野内匠頭長矩家来

大石主税　良金

吉田忠左衛門　兼亮

吉田沢右衛門　兼貞

間瀬久太夫　正明

間瀬孫九郎　正辰
小野寺幸右衛門　秀富
間十次郎　光興
武林唯七　隆重
貝賀弥左衛門　友信
千馬三郎兵衛　光忠
岡島八十右衛門　常樹
勝田新左衛門　武堯
村松三太夫　高直
三村次郎左衛門　包常
堀部弥兵衛　金丸

小野寺十内　秀和
間喜兵衛　光延
大高源五　忠雄
岡野金右衛門　包秀
中村勘助　正辰
神崎与五郎　則休
近松勘六　行重
村松喜兵衛　入道隆円　秀直
潮田又之丞　高教
原惣右衛門　元辰
堀部安兵衛　武庸

奥田孫太夫　重盛
不破数右衛門　正種
杉野十平次　次房
勝田新左衛門　武尭
倉橋伝助　武幸
磯貝十郎左衛門　正久
大石瀬左衛門　信清
横川勘平　宗利
早水藤左衛門　満尭
間新六　光風
大石内蔵助　良雄

奥田貞右衛門　行高
前原伊助　宗房
富森助右衛門　正因
赤埴源蔵　重賢
片岡源五右衛門　高房
矢頭右衛門七　教兼
茅野和助　常成
菅谷半之丞　政利
木村岡右衛門　貞行
寺坂吉右衛門　信行

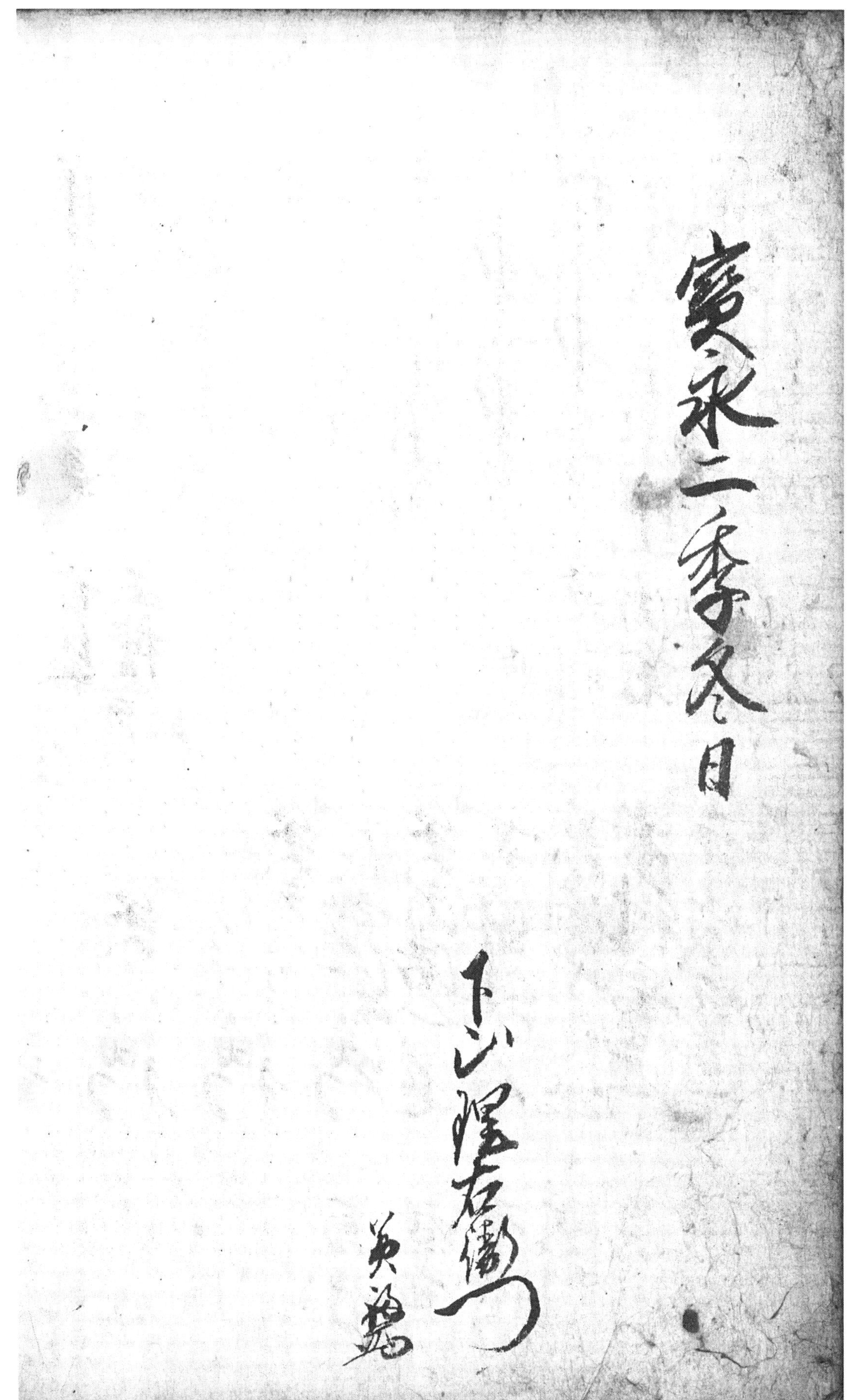

寛永二季冬日

下山理右衛門

英[illegible]

古文書（複製）
赤穂浪士の仇討ちに関する口上書
赤城介石 記

二〇一五年三月七日発行

発行所　ワビブック
〒六七〇―〇八〇二
姫路市砥堀九六八―七
電話　〇七九―二六三―七二二七

発　売　ブックウェイ
〒六七〇―〇九三三
姫路市平野町六二
電話　〇七九―二二二―五三七二
http://bookway.jp

印刷所　小野高速印刷株式会社

ISBN978-4-86584-021-6